ようこそ
お参りくださいました
ここは
東京・神谷町に
たたずむお寺
「光明寺」

本堂前に
広がるのは
どなたでも
自由に過ごせる
オープンテラス

お坊さんが
四季折々の
手作りお菓子で
おもてなしを
しています

たとえば――

「卯月（4月）」わらびもち

お寺スイーツのはじまり
お菓子作りを教えてくれた
料理僧への感謝を込めて

抹茶が薫る
和洋折衷のスイーツ

日本伝統の
「茶十徳」に学ぶ

［皐月（5月）］抹茶のチーズケーキ

ほのかに
甘くてやさしい
「あじさい」
梅雨寒の心に
そっと彩りを添えて

久しぶりに作ったタピオカのスイーツに
年月の積み重なりを実感する

［文月（7月）］黒蜜豆乳タピオカ

お盆になると
作りたくなる一品
あんこの甘い香りと
ともに思い出す

［葉月（8月）］水ようかん

畳と、風鈴と、冷たい麦茶と
夏休みの祖父母の家

お菓子の起源を辿り「食」への感謝を込める

［長月（9月）］すだち寒天

［神無月（10月）］芋名月

［霜月（11月）］浮島

報恩講
あずきを好んだ
親鸞聖人を
しのんで

［師走（12月）］嶺岡豆腐

仏教と縁の深い
牛乳を使って
お釈迦様の
さとりの日を祝う

鏡開き後のお楽しみ
良き1年となりますように
願いを込めて

［睦月（1月）］ぜんざい

梅の実になぞらえた
お菓子をほおばって
本格的な春を待ち望む

［如月（2月）］うめもどき

本格的な
春の到来
新年度、
新しい出会いに
心を弾ませて

［弥生（3月）］桜もち

暦にちなんだ
甘いお菓子に
ほっこりしたり
心の声に
じっと耳を傾けたり

お坊さんと
お菓子と
お寺に集う人々の
おはなしを
綴ってみれば

神谷町オープンテラスの
おもてなしお寺スイーツ12カ月

光明寺僧侶　木原祐健

はじめに

はじめまして。私は東京・神谷町にある光明寺《こうみようじ》の僧侶、木《き》原《はら》祐健《ゆうけん》と申します。ここ光明寺には「神谷町オープンテラス」という場所があります。2階の本堂前にある屋根付きの半屋外空間で、目の前にはお寺の墓地と緑があり、その向こうには東京タワーが見えます。その空間にイスやテーブルを配し、居心地のよいオープンスペースを作り、平日の日中、お寺に用事がないときに皆さんに開放しています。

ここには、本当に色々な方がいらっしゃいます。お寺にご縁のある方はもちろん、海外の方なども。お昼どきになるとご近所からお弁当を持ってきて過ごす方も多くいらっしゃいます。

私は２００５年より現場を預かる「店長」として、オープンテラスにお越しいただく方に対して、おもてなしや傾聴《けいちょう》などの活動を行っております。私自身はお寺の生まれではありませんが、光明寺に集うお坊さんたちとの出会いがきっかけでオープンテラスの立ち上げに参加し、お寺でお坊さんや様々な方と接していく中で自分もまた僧侶への道を歩むこととなりました。

オープンテラスでは、暖かい時期は週２回ほど、平日のお昼ごろに「おもてなし」を行っています。ご予約に応じてお席をご用意し、コーヒーやお茶と手作りの和菓子をお出しします。また、それとは別に、週１回ほど「傾聴」の時間を設け、皆さんのお悩みやお話をじっくりおうかがいしています。

これらの活動にはお代はいただいておりません。皆さんには、よろしければお気持ちを込めてご本尊に手を合わせていただければと思います。

この本は月ごとの短いエッセイとレシピから構成されています。エッセイはお客様との交流の中で生まれたもの。レシピは普段オープンテラスでお出ししているものを紹介しています。ただ、レシピは自分が作ったというよりは、料理が大好きな友人のお坊さんが開発したお菓子や、昔からお寺で作られてきた献立を自分なりに受け継いで形にしてきたものです。いわゆる精進料理にはこだわらず、ご家庭の中でも身近な食材と簡単な道具で作ることができ、ほっと和むようなものを、と考えています。

なお、文中ではお客様の話を傾聴するエピソードをいくつかご紹介しておりますが、傾聴でおうかがいした情報を口外することはありません。本書のエピソードはプライバシーに配慮して構成しております。

毎月のエッセイをお読みいただき、レシピをお試しいただく中で、少しでもほっと安らかな気持ちになっていただければ幸いです。

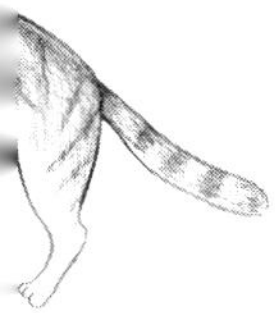

もくじ

卯月
4月

お菓子作りの原点
わらびもち

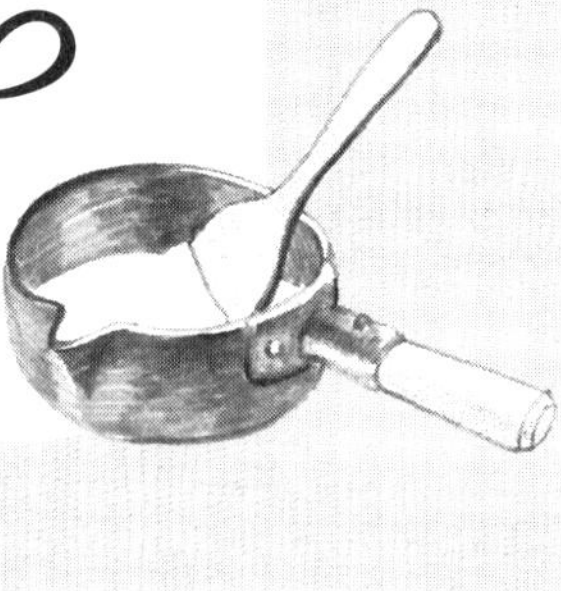

4月は年度が始まる月。陽気が暖かくなり、草花も賑やかに息吹《いぶ》いたら、光明寺境内の「神谷町オープンテラス」が活動を始める合図です。

オープン初日に決まってお出しするお菓子が「わらびもち」。独特の歯触りとさっぱりと上品な甘さが魅力で、老若男女を問わずどなたにも喜ばれる一品です。わらびが野山に生えてくる時期が早春であることから、春のお菓子とされています。関東では四角く歯ごたえのあるものが好まれ、関西では丸くてぷるぷるしたものが好まれると言われています。

わらびもちの主材料は本わらび粉。わらびの根から採れる澱粉《でんぷん》です。しかし、わらびの加工が難しく手に入りにくいため、希少品となってしまいました。今では、様々な材料の澱粉を使ったものが多く流通しているようです。

さて、最初にわらびもちをお出ししたのは、おもてなしを始めた年の春のこと。きっかけは、お客様の「お寺に来たら、お菓子と抹茶がほしいよね」という何気ない一言でした。当時、私たちがお客様にお出ししていたのは、市販の

コーヒーと紅茶という簡単にお出しできる飲み物だけ。光明寺の周辺はオフィスビルに囲まれ、外資系の企業も多い土地柄です。周囲にあるカフェのように、コーヒーや紅茶をお出しすれば喜ばれるのではないか、と考えていました。しかし、それとは裏腹に、お客様としては「せっかくお寺に来たのだから、お寺ならではのものを味わいたい」という想いがあったようです。

　そんなお客様の声に反応したのが、青江《あおえ》覚峰《かくほう》さん（１０５ページ）です。現在、青江さんは浅草・緑泉寺《りょくせんじ》の住職としてお寺を守る傍ら、ご自分の料理の腕を活かして「料理僧」として食に関わる活動を活発に行っています。オープンテラスの立ち上げにも深く関わっており、メニュー作りやお寺ならではのおもてなしについて様々にご指導してくださいました。

　そして、春のある日、青江さんが手作りのわらびもちを持参してくれたのです。早速、お客様にお出ししたところ、上品な甘さと柔らかさが評判を呼び、すぐにオープンテラスの名物になりました。「青江さんのわらびもちが食べたい」と、わざわざ遠方からお越しになるお客様もいらっしゃいました。

地域の皆さんにオープンテラスが受け入れられたのは様々な要因がありますが、名物のわらびもちはもちろん、青江さんご自身の明るく社交的な性格も大きな役割を果たしてくれたと思います。

転機が訪れたのは、3年目の春のことです。青江さんから、今後テラスに来るのが難しくなる、と聞かされました。緑泉寺の住職を任されることが決まったのです。住職はお寺の最高責任者。お寺に住み、土地の人達と暮らしていくことも大切な役割です。正直、寂しい気持ちはありました。いろいろ思いを巡らせていると、青江さんが「わらびもちの作り方を教えてあげるから、緑泉寺にいらっしゃい」と声をかけてくれました。

私自身、お菓子を食べることは大好きですが、作ったことはありませんでした。期待と不安を抱えながら、レシピを習いに行きました。「材料は、お水と砂糖と粉だけ。まずは材料をよく混ぜ合わせること、次に漉《こ》すこと、最後に火にかけて焦がさないように混ぜ続けること」。青江さんが説明しながら、手際よくヘラをかき回し続けます。鍋の中をのぞくと、水と砂糖と粉がみるみる固まり、見事にわらびもちが出来上がりました。感心しながら見ていると、「上手くできたら、テラスでお出ししても良いからね」と言ってくれました。

それからは、わらびもちを試作しては青江さんのお寺に持参する日々。「駄目、ダマができている」「ゆるいな、もうちょっと火を通さないと」「使う食材も、もう少し吟味して」。柔和なお坊さんが、頑固な職人のような厳しい顔になります。材料が少ない簡単なレシピだからこそ、ごまかしは利きません。同じ材料を使っているのに、どうして上手くいかないのだろう？　あれこれ考えながら試作を繰り返しました。こうして、なんとか「これなら大丈夫かも」という一品ができ、青江さんにお墨付きをいただいたのです。その後、テラスで緊張しながらお出しし、最初に「おいしい」とお客様が言ってくださったときの喜びは今でも覚えています。

毎年テラスのオープン初日に必ずお出しするわらびもちは、そんな私のお菓子作りの原点とも言える一品なのです。

やさしい甘さに、笑顔がこぼれる

わらびもち

材料

〈400ml耐熱容器1台、4人分〉

わらびもち粉　大さじ3
砂糖　大さじ5
水　260 cc
黒蜜（市販品）　適量
きなこ　適量

作り方

1. わらびもち粉、砂糖、水を
ボウルに入れ、よく混ぜる。
2. ザルで濾しながら鍋に入れ、
木ベラでよく混ぜながら中火にかける。
3. 半透明になったら中弱火にして混ぜ、
透明感が出て固まってきたら火を止める。
4. 耐熱容器に移し、粗熱がとれたら、
冷蔵庫で30分冷やす。
5. スプーンなどですくって器に盛り、
お好みで黒蜜ときなこをかける。

とにかく混ぜ続けることが
ダマにならないコツです。
お好みで抹茶パウダーを
まぶしてもおいしいです。

皐月

5月

茶十徳に学ぶ

抹茶のチーズケーキ

5月は新緑。境内の草木が活き活きと輝き、気候も穏やかになる時季です。半屋外のオープンテラスも特に過ごしやすく、「この時季のテラスが一番好き」とおっしゃるお客様も多くいらっしゃいます。さて、5月の初旬には八十八夜があります。立春から八十八日を過ぎると（毎年5月1日〜3日ごろ）気候が安定してくることから、種まきや茶摘みを行う目安とされてきました。また、八十八夜に摘んだ新茶は昔から不老長寿の縁起物として大切にされてきました。

お茶と言えば、オープンテラスでも5月に「お抹茶の野《の》点《だて》」を行ったことがあります。50年以上、茶道に携わってきたお茶の先生が抹茶を点ててくださったのです。お茶のお道具、お茶碗、抹茶などを全てご自分で用意し、お着物姿の先生は流れるような所作でお茶を点ててくださいました。振る舞っていただいたお客様は、抹茶のあまりのおいしさに驚きの様子。私も一杯だけいただきましたところ、美しく点てられた抹茶はふんわりとした口当たりで、苦みの中にもほのかな甘みを感じることができました。お茶の心得が全くない自分にも

分かる、素晴らしい味です。抹茶を飲み切り、「おいしい」と思わず口に出してしまいました。すると、先生は静かに微笑んで「お茶は素直に味わえばいいのよ」と言ってくださいました。長年その道を歩まれた方ならではの深いお言葉だと思います。

その後、テラスでお茶を点てる機会には恵まれていないのですが、何かの形で皆さんとも抹茶をいただく喜びを共有できればと、抹茶を用いたお菓子を作るようになりました。

試行錯誤の中で出来上がったのが、和洋折衷の「抹茶のチーズケーキ」です。オーブンを使わずに比較的簡単に作ることができますし、和菓子が苦手な方でも、洋菓子であれば抵抗なくお召し上がりいただけるようです。黄色いビスケットの台に、白いレアチーズムースと緑の抹茶レアチーズムースの3層が重なるので、透明の器に盛りつけていただければ見た目も美しくなります。このレシピのポイントは、ゼラチンではなく葛粉《くずこ》と寒天で固めることです。ゼラチンに比べて早く固まり、ダマになりやすいので、気になる方は葛粉を十分に混ぜ溶かし、生地を漉してから容器に入れると口当たりが良くなります。

このお菓子は男性に人気が高いのですが、特に喜んでくださったのがドイツ出身のある男性のお客様です。その方は近所のオフィスで働いていて、お昼をゆっくり食べられる場所を求めてオープンテラスにいらっしゃるようになったそうです。鞄に下げているお守りから、お寺や神社がお好きであること、日本がお好きであることが分かり、私達はすぐに打ち解けました。

あるとき、そんな彼が疲れた顔をしていました。「私、疲れました」と一言。「どうしたの？」と聞くと、「日本語が、難しいです」とのこと。それ以上の言葉はありませんでした。仕事などで、何かどうしても上手く伝えられないことがあったのかもしれません。そこで、ふさいでいる彼に、私はこのお菓子をお出ししました。

「抹茶のチーズケーキです。抹茶は大丈夫ですか？」「抹茶は京都の観光で飲みました。上手く点てられないけれど、飲むのは好きです」「チーズケーキは？」「もちろん好き！」。彼はチーズケーキを食べ、「おいしい！　とてもおいしい！」と喜んでくれました。疲れた顔がどこかへ行き、京都旅行の話、懐かしい思い出の話など、日本語と英語をごちゃごちゃにしながらも、色々なお話をおうかがいすることができました。帰り際に彼は深々とおじぎをし、仏様に手を合わせていきました。

「茶十徳《ちゃじっとく》」というものがあります。

これは鎌倉時代の華厳宗《けごんしゅう》僧侶でお茶の栽培と普及に貢献した明恵上人《みょうえしょうにん》が、お茶を飲むことの効用を10カ条にまとめて広めたものです。そこには神仏に護られること、眠気をさますことなどのほかに、「煩悩消滅《ぼんのうしょうめつ》」として心の悩みや身体の煩《わずら》いをなくすことも記されています。

お茶から生まれた抹茶のチーズケーキをお好きな飲み物とご一緒に、心も身体もほっとする穏やかなひとときをお過ごしいただければと思います。

色々な味や食感が楽しめる

抹茶のチーズケーキ

- クリームチーズは常温で柔らかくしておく
- ビスケットはビニール袋に入れ、麺棒でたたいて細かく砕いておく
- バターは電子レンジ（６００Ｗ）で約30秒加熱して溶かしておく

材料 〈器4個、4人分〉

●土台

ビスケット（全粒粉）　4枚（30g）
バター（無塩）　20g

●チーズムース

クリームチーズ　100g
葛粉　27g
牛乳　200 cc
粉寒天　3g
グラニュー糖　35g
サワークリーム　30g
ヨーグルト（無糖）　100cc
抹茶　小さじ1
砂糖　小さじ2
抹茶（トッピング用）　小さじ2

作り方

1 砕いたビスケットに、溶かしたバターを加えてよく揉み、4等分にする。

2 器に敷き詰め、表面を平らにならして冷蔵庫で30分冷やしておく。

3 鍋に葛粉と牛乳を入れて混ぜ溶かす。粉寒天を加えて中火にかけ、混ぜて煮溶かす。

4 湯せんしたボウルにクリームチーズ、グラニュー糖、サワークリームの順に加え、その都度混ぜる。

5 **3**を2回に分け入れて混ぜ、ヨーグルトを加えてムース状にする。濾しながら**2**の器に2/3量を入れ、残りは湯せんした状態でとっておく。

6 抹茶は小さじ2のお湯（分量外）で溶き、砂糖を加えてよく混ぜる。とっておいたムースに混ぜ合わせ、同様に器に入れて3層にする。

7 冷蔵庫で1時間冷やし固め、茶漉しで抹茶をふる。

ムースは、しぼり袋でしぼると上手に盛れます。

【水無月】

6月

雨の日を美しく彩る

あじさい

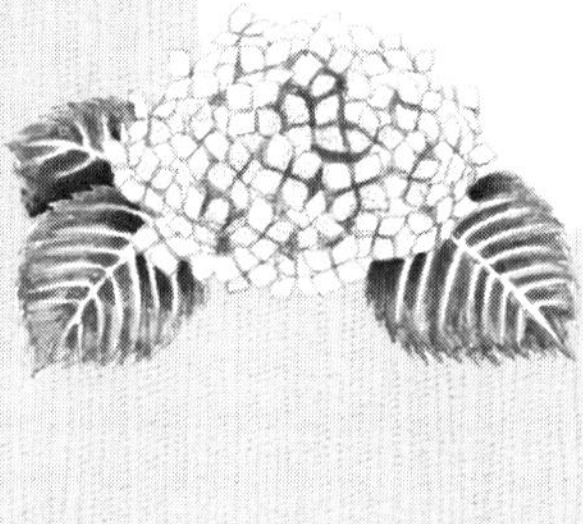

6月と言えば「梅雨《つゆ》」。梅の実が熟するころに雨が降ることが言葉の由来だそうです。6月の中ごろにはお寺の梅の実も黄色く熟していき、境内にかぐわしい香りを放つようになります。お寺に集う皆さんと梅の実を収穫するのも、この時期の楽しみの一つです。梅の木のすぐ下にはあじさいが植えられていて、雨の中で精一杯に花を咲かせています。

オープンテラスでは、梅雨の時期に限り「あじさい」というお菓子をお出ししています。お茶席で出される上生菓子の「あじさい」は、白あんのあん玉に色とりどりの寒天を接着して作るものです。オープンテラスの場合、湿度が高く食欲が落ちやすい時期でもさっぱりとお召し上がりいただけるように、わらびもち（26ページ）に賽《さい》の目に切った寒天を組み合わせたものにしています。

このレシピのポイントは、寒天の色づけを紫芋パウダーで行うことです。自然な紫色で、あじさいの花のようにきれいな見た目になります。寒天にお芋の香りと自然な甘みが加わり、おいしさが広がります。また、ぜひお試しいただきたいのが、この寒天にレモンなどの果汁を加えること。寒天の色が紫からピ

ンク色に変わります。これは紫芋に含まれるアントシアニンという色素によるもので、この色素は酸やアルカリに反応して変色する性質があります。酸性になると赤や赤紫になり、アルカリ性になると青や緑に変化するそうです。キウイフルーツやりんごなど、さわやかな酸味のある酸性の果物を、生のまま賽の目に切って添えても良いでしょう。色の変化はもちろん、食感のアクセントとしてもお楽しみいただけます。

さて、雨が降る時期はどうしても外に出るのが億劫《おっくう》になるものです。オープンテラスも雨の日はご利用される方が少なくなります。

そんな中、傘を差してお寺にお越しになる方からは、お心に秘めた深い思いをおうかがいすることがあります。私がオープンテラスで行っている「傾聴」は、たとえばこんなふうに始まります。

梅雨寒の午前11時、一人のお客様がお越しになりました。あたたかいほうじ茶とあじさいをお出しすると、電車に乗って少し遠くからやってきたこと、平日にお休みが取れたのでお寺に足を運んでみようと思ったことなどをお話しくださいました。そんな一般的な会話の中で、ふと珍しいご質問が出てきました。

「お坊さんって、雨を止められますか？」

　少し考えます。もしも答えるとしたら「そんな力はありません」ということ。自分は特別な能力を一切持ち得ない、修行など一切できないただの人間であること。でも、お客様が聞きたいのは本当にそれだけなのだろうか。質問の先には、何か話したいことがあるのではないか、と。「雨は止められませんが……どうされたのですか？」「特になんでもないんですが」と、先ほどより少し抑えた口調でお話が始まりました。独身であること。会社に長く勤めていること。周囲の友人が次々と結婚や出産を迎える時期であること。最近出席した結婚式で昔の友人達が変わっていく様子を目の当たりにして嬉しい反面、自分が周りから取り残されたような気持ちになったこと。「どうしてみんな変わっていくのだろう」という言葉が印象的でした。

　私は向かいの席で、耳を傾け、ときどき相槌を打ちながら、お話を聴かせて

いただきました。そして、20分ほど経ったでしょうか。お客様は胸の内を話し終えたのか、息をついてテーブルのほうじ茶に手を伸ばし、少し笑顔になりました。雨が降り続き、境内の草木は濡れて輝いています。

「お菓子をいただいて、少し雨宿りしたら行きますね」。晴れやかな声でした。しばらく後にお客様は本堂で仏様に手を合わせ、お帰りになりました。空《から》の食器と一緒に「聴いてくれてありがとうございます」と小さなメモがありました。私は何か喜ばれるようなことをしているわけではありません。「話を聴くこと」をさせていただいただけです。ただ、心を込めて耳を傾け、そこにいる方に対して思いを向けさせていただくことから、目の前の方のお心が和らぐことがある。私はいっぽうでそんなことを実感しています。

6月は梅雨時。身体だけでなく、気持ちにも雨が降ることがあるかもしれません。身体や心を休め、雨宿りができるところが少しでも増えれば、と思う次第です。

季節の移ろいを感じる あじさい

材料 〈14×11cm流し型1台、6人分〉

水　350cc
粉寒天　4g
砂糖　100g
紫芋パウダー　小さじ2
わらびもち（P.31）

作り方

1 水と粉寒天を入れて中火にかけ、よく煮溶かす。

2 粉寒天が溶けたら、砂糖を加えてよく混ぜる。

3 とろみがついてきたら火を止め、紫芋パウダーをふり入れてよく混ぜる。

4 **3**を漉しながら水にくぐらせた型に流し込み、粗熱がとれたら、冷蔵庫で1時間冷やし固める。

5 器にわらびもちを1/3〜半量ほどの高さまで入れ、賽の目に刻んだ寒天をこんもりと盛る。

レモン汁をかけると、
寒天の色が
赤く染まってきれいに。
風味のアクセントにもなります。

文月

7月

ご縁に思いを馳せる

黒蜜豆乳タピオカ

7月の行事と言えば「七夕」。七夕は中国の「乞《き》巧奠《こうでん》」という宮中行事が元になっています。牽牛《けんぎゅう》・織女《しょくじょ》の伝説にまつわる2つの星が出逢う日、女性達は織女にあやかって裁縫の上達を祈願したそうです。かつては旧暦7月7日に行われていましたが、新暦が導入されてから7月に行うところと8月に行うところに分かれていきました。東京の七夕は7月7日。雨の多い時期でもあります。私も帰り際などにオープンテラスから空を眺めてみるのですが、都心では夜も光が多いため、なかなか天の川を見ることができません。

さて、オープンテラスの開放時間は9時から17時までになります。夕方以降は本堂の扉が閉められて、ひっそりと静かになります。ただ、お寺の仲間達とイベントを行うときは明るく賑やかな雰囲気に包まれます。その最たるものが光明寺の本堂とテラスで不定期に行われる音楽イベント「お寺の音楽会　誰《た》そ彼《がれ》」です。「誰そ彼」とは夕暮れ時のこと。名前の通り、夕方から始まる音楽イベントです。「お寺の本堂で音楽を聴いてみよう」という発案から光明寺の僧侶、松本紹圭《しょうけい》さんと音楽好きの友人、遠藤卓也さんが中心となって企画したもので、本堂の中でミュージシャンの演奏、ＤＪによる選曲があるほか、僧侶による法話や参加者とともに行う読経が毎回の恒例行事となっています。

会を始めたのは２００３年の7月。不定期ながら息長く活動し、２０１９年で32回を数えます。近年は開催が少なくなりましたが、今でも当時の仲間は集まってお寺の大掃除やお手伝いをしてくれます。

私がはじめて「誰そ彼」に行ったときは曇り空だった気がします。本堂の中に突然現れたスピーカーセットに驚きながら、ゆるやかに流れるＤＪの音楽を聴き、ミュージシャンの演奏に心躍らせました。休憩時間にはテラスに出て談笑。大半《たいはん》がはじめて顔を合わせる人達ですが、お寺や音楽という共通項が多いためか自然に話が弾みます。最後に松本さんの法話と読経の時間。簡潔な言葉で仏教を伝える法話に感じ入り、声を合わせて読むお経に心地よさを体感しました。当時の私は就職に失敗し、人生に迷っていた時期でした。友人の松本さんに「君はこの世に向いていない」と言われたのもこのころです（１０２ページ）。どこに行っても緊張するため、人が多い場所に行って楽しむことにも抵抗があったのですが、このイベントでは珍しくリラックスして過ごすことができました。色々な価値観を持った人の存在やお寺の明るくてどこかほっとできる雰囲気が自分を楽にしてくれたのではないかと思います。そのうち私は「誰そ彼」のボランティアスタッフを始め、料理僧の青江さんや現在までテラスを支えてくれるたくさんの仲間と出会うことになります。

また、このイベントの開催を通じてスタッフ間で「継続的にお寺に来られて交流できる場を作っていきたい」という思いが高まり、２００４年ごろから松本さんや青江さんの発案でオープンテラスの企画が生まれていきました。２００５年の春に私はオープンテラスのおもてなしを担当する「店長」となりました。私がお坊さんになるのはもう少し先、２００９年のことです。

さて、7月のお菓子は「黒蜜豆乳タピオカ」。青江さんが開発し、10年ほど前からお出ししてきました。豆乳のすっきりとした飲み心地と黒蜜のほのかな甘み、タピオカのもちもちとした食感が楽しいデザートドリンクです。そういえば青江さんがレシピを作っていたころは、香りづけに少量のブランデーが入っていました。ブランデーのアルコールは火にかけて飛ばされているのですが、不思議な風味がしたものでした。お酒を飲めない私が作るようになってからは、現在のシンプルなレシピ（お酒が入っていないもの）へと変わりました。

以前タピオカが流行していた約10年前、私はテラスを始めてはいたけれど、お坊さんではありませんでした。さらに、その前にタピオカが流行した90年代にはテラスのある光明寺をたずねたこともなければ、お葬式以外でお寺に足を運ぶこともありませんでした。そんな自分がお寺でお茶やお菓子のおもてなしを始め、お坊さんにまでならせていただく。ご縁とは不思議なものです。

２０１９年の夏。お客様からタピオカスイーツのリクエストをいただき、久しぶりにこのお菓子を作りながら、懐かしいことを思い出していました。

独特の食感がたまらない
黒蜜豆乳タピオカ

材料 〈小グラス4個、4人分〉

タピオカ（小粒、ドライ）　30g
黒蜜（市販品）　60cc
豆乳（無調整）　340cc

作り方

1 鍋にたっぷりの水（分量外）を入れて火にかけ、沸騰したらタピオカを入れて強火で15分ゆでる。

2 9割ほど火が通ったら（芯が少し残る程度）、ザルに上げて流水にさらす。粗熱がとれたら容器に移し、冷蔵庫で10分冷やす。

3 グラスに4等分したタピオカを入れ、黒蜜を加える。

4 最後に豆乳を静かに注ぎ入れる。

プチプチとした食感を残すために、ゆで過ぎないことがポイントです。種類によって戻し方が異なるので、パッケージ記載に沿って行ってください。

葉月

8月

亡き方に想いを寄せる
水ようかん

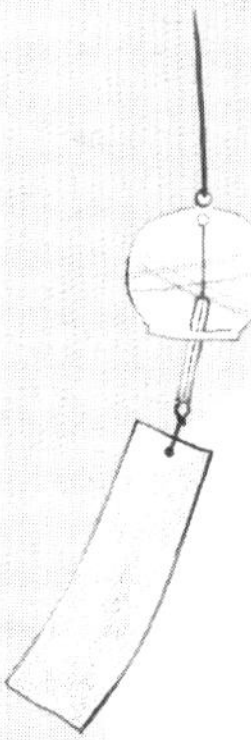

お寺の夏と言えば「お盆」。ご先祖様や亡き方に想いを寄せるお盆は春、秋のお彼岸と並び、馴染み深い仏教行事ではないでしょうか。地域により様々ですが7、8月の15日を中心に3～4日ほど行うことが多いようです。ここ光明寺では7月にお盆の法要を行い、8月のお盆の時期にかけてお墓参りにいらっしゃる方々をお迎えしています。

お盆の起源は『盂蘭盆経《うらぼんきょう》』というお経にあります。お釈迦様の十大弟子の一人・モッガラーナ（目連尊者）というお坊さんが、自身の神通力《じんずうりき》（特殊な能力）によって亡き母親の死後の行方を探しに行ったところ、母親が餓鬼道《がきどう》に堕ちて苦しんでいることを知ります。お釈迦様に相談すると「大勢の僧が雨期の厳しい修行を終える旧暦7月15日（新暦では8月）に、彼らに食べ物や飲み物を供えれば、母はその功徳によって救われるだろう」と助言されます。モッガラーナがその通りにしたところ、母親は餓鬼道から救われたということです。

このお経は日本に伝わり、日本の伝統的な習俗と結びついて今日のお盆の形ができたと言われています。宗派や地域によって、迎え火や送り火を行うとこ

ろもあれば、ナスの牛やキュウリの馬を精霊棚にお供えするところもあります。

私は8月のお盆のころになると、水ようかんを作ります。

小学生のころ、夏休みに祖父母の家に遊びに行くと、よく冷えた麦茶と水ようかんが出てきました。畳の上で大の字になって昼寝をしたことやお隣から聞こえてくる風鈴の音など、あんこの甘い香りとともに懐かしい記憶として思い出されます。祖父母らを見送って、もうずいぶん経つものです。

さて、ようかんは漢字で「羊の羹《あつもの》」と書きます。中国では羊の肉などで作った具入りのスープのことを指し、朝夕の食事の合間にとる小量の食事「点心《てんしん》」の一つとされていました。

日本には、中国に留学した禅僧を通じて、鎌倉・室町時代に伝わりました。禅宗寺院では肉食が禁じられていることから、肉や魚の代わりに小豆や小麦粉を蒸し固め、精進料理として作られるようになったようです。その後、茶の湯の発展と砂糖の普及に伴い「砂糖ようかん」と呼ばれる、甘い蒸しようかんが多く作られるようになりました。江戸時代には天草《てんぐさ》から寒天が発明され、私たちがよく知る、練りようかんが生まれました。水ようかんが生まれたのも同じころですが、夏に食べる習慣ができたのは冷蔵庫が普及して以降、ここ数十年のことだそうです。

夏は年々気温が高くなり、ここ東京でも最高気温が35℃を越える日も少なくありません。キッチンで火を使うのが億劫になってしまうことがあります。ただ、朝は日中に比べればまだ気温が低く、なんとか鍋に向かいます。寒天液に少しずつあんこを投入し、ヘラでじっくり混ぜます。甘い香りが広がります。ヘラが少し重たくなってきたら火を止めて塩で味を引き締め、型に流し込んで冷蔵庫で冷やし固めます。見た目もつややかな水ようかんの出来上がりです。

オープンテラスのすぐ向こうには、光明寺の墓地が広がっています。

お盆が明けてはじめてのおもてなしを行う日、イスに座ってお墓を眺めている方がいらっしゃいました。お墓参りとおぼしき年配のご婦人です。早速、手作りの水ようかんと冷たいほうじ茶をお出しすると「悪いわね、お墓参りしてきたら汗かいちゃって。よかったら、あなたもどうぞ」と、お返しにお団子をいただきました。ご相伴《しょうばん》にあずかりながら、私もお墓を眺めます。

「お盆は過ぎちゃったけどお墓参りに行かなきゃ、って思って来たのよ。うちのお墓もあるし、あの人もいるしね」。

亡きご主人との思い出話をしながら水ようかんをお召し上がりになり、「ごちそうさま、ありがとう」と、ゆっくりと階段を降りてお帰りになりました。亡き方のことを自然に話し、今でもご一緒にいるようなご様子に、私もあたたかい安らぎを感じました。


日本には、お盆やお彼岸といった先人から受け継がれてきた年中行事があります。それによって日々慌ただしい私達も、日常を離れて自分自身を振り返る大切な時間や、心を落ち着けて亡き方に想いを寄せる貴重な機会を設けられるのかもしれません。

水ようかん

口どけなめらか、夏の風物詩

材料 〈14×11cm流し型 1台、8人分〉

水　200cc
粉寒天　2g
砂糖　50g
こしあん（市販品）　200g
塩　少々

作り方

1 鍋に水と粉寒天を入れてよく混ぜ、
中火にかけて煮溶かす。

2 砂糖を加えて混ぜ、
とろみがついて重たくなってきたら、
こしあんを加えてさらに混ぜる。

3 生地がなめらかになったら火を止める。
塩を加えて混ぜ、水にくぐらせた型に流し込む。
粗熱がとれたら、冷蔵庫で1時間冷やし固める。

4 8等分に切り分け、お皿に盛りつける。

あんが焦げないように、
とにかく混ぜ続けることがポイントです。
濾しながら型に流し入れると、
仕上がりがなめらかになります。

長月

9月

お菓子の起源を辿る

すだち寒天

ある年の9月、秋のお彼岸を無事に終えた翌日。浅草・緑泉寺で青江さんから袋いっぱいのすだちをお裾分けしていただきました。お彼岸にお寺にお参りになった方からいただいたのかもしれません。

お寺の食べ物は、仏様からのいただきもの。自分で独占するのではなく、お寺に集う方と分け合いたい。そう考えて、オープンテラスのお菓子としてのレシピをあれこれと思い巡らせました。そこで思い出したのが、青江さんが以前作っていた「柚子《ゆず》釜《がま》」というお料理です。上部を水平に切った柚子をくり抜いて器にし、野菜で作った前菜を寒天で寄せたものを詰めていました。その柚子釜をヒントに出来上がったお菓子が、すだちの寒天です。

常連の女性のお客様にこのお菓子をお出ししたところ「これぞ秋が来た、って感じの味！」と喜んでくださいました。いっぽうで「うわ、これ酸っぱそう……」と躊躇《ちゆうちよ》する男性のお客様もおられました。お召し上がりいただいたあとは甘酸っぱさを喜んでくださいましたが……酸味や苦みがあるお菓子は好みが分かれやすいものです。ご家庭で作ってお客様にお出しする場合、お召し上が

りになる方が酸っぱい食べ物に抵抗があるかどうかをあらかじめ確かめておくと良いかもしれません。

　ところでお菓子は昔「果子《かし》」とも表記しました。お菓子のルーツは食事の合間に食べる果物や木の実だと言われていて、みかんの原種、橘《たちばな》を日本の「果子」の起源だとする説があります。

『日本書紀』によると、11代天皇の垂仁《すいにん》天皇が病気になったとき、当時の重臣・田道間守《たじまもり》が常世《とこよ》の国（現在の中国南部〜インド）に渡り、不老長寿の霊薬を探しに行ったということ。長年の苦労を経て非時香菓《ときじくのかくのこのみ》（常に香りのある実）である橘（柑橘類の原種）の木を持って帰ってきたものの、垂仁天皇はすでに崩御していて、田道間守は御陵《ごりょう》（天皇の墓前）に橘を供えたと言われています。この橘は品種改良を経て現在のみかんや柚子などになり、田道間守は「お菓子の神様」として信仰を集めています。

　すだちも橘からできた果物です。酸味があり、食酢として使われていたことから「酢橘《すたちばな》」と呼ばれていましたが、いつしか「すだち」と縮められるようになったそうです。すだちは徳島県の特産品で、中でも昼と夜の気温差が大きい山間部で作られるものが美味とされています。

以前、徳島のお寺を訪ねた際、山中にあるすだち畑で収穫の様子を見せていただく機会に恵まれました。最高気温38℃の炎天下、すだち農家さんは長袖のつなぎを着て畑に分け入ります。すだちの木の幹には棘《とげ》があり、乱暴に実を取ると棘で実を傷め、身体も痛めかねません。そのため中腰で小さな実を丁寧に摘み取り、傷つけないようにかごに入れていきます。私達が当たり前のようにいただいていたすだちが、山の風土と厳しい労働に支えられているものだとこのときはじめて知りました。夕食には食卓にたくさんのすだちがきれいに盛られていて、土地の人がこの果実を誇りに思っていることを実感しました。

それからは、すだちを見るたびにあの日の畑の光景が目に浮かぶようになりました。お寺でお茶やお菓子をお客様にお出しするときも、日ごろの食事でも、食材が作られ、運ばれ、自分の手に届くまでの道のりを思い、目の前にある食

べ物のいのちと、そこにかけられた時間や労力に対して敬意を持って扱わせていただこう。改めてそう思いました。

仏教には様々な作法があります。「食」に関する作法は、地域や時代によって異なりますが、様々な形で定められ実践されてきました。

ここで、私が所属する浄土真宗本願寺派のお寺やご家庭でお唱えする「食事のことば」を紹介しましょう。手を合わせ、感謝の心を込めて。

・多くのいのちと、みなさまのおかげにより、このごちそうを恵まれました。
深くご恩を喜び、ありがたくいただきます。

・尊いおめぐみをおいしくいただき、ますます御《ご》恩《おん》報《ほう》謝《しゃ》につとめます。
おかげで、ごちそうさまでした。

（「食事のことば」浄土真宗本願寺派）

コロンとした皮の器が愛らしい

すだち寒天

材料 〈5個、5人分〉

すだち　5個
粉寒天　2g
水　300cc
砂糖　大さじ4

作り方

1 すだちは上1／4を切り、果肉はスプーンでくり抜いて絞る。絞った果汁はとっておく（全部で約20ccになる）。

2 すだちの下3／4で器を作る。底の皮をうすく切って平らにし、立つようにしておく。

3 粉寒天と水を鍋に入れて中火にかけ、混ぜながら煮溶かす。砂糖を加えてよく混ぜ、とろみがついて重たくなってきたら火を止める。

4 粗熱がとれたら、絞ったすだちの果汁を加えて、軽く混ぜる。

5 すだちの器に寒天液を注ぎ、冷蔵庫で1時間冷やし固める。余った寒天液は別の器に入れて同様に冷やし固め、スプーンでかき混ぜてクラッシュ状にする。

6 皿に載せ、クラッシュした寒天を飾る。

余ったすだちの皮を軽くすり下ろして、
寒天にトッピングするのもおすすめです。
風味にアクセントがつきます。

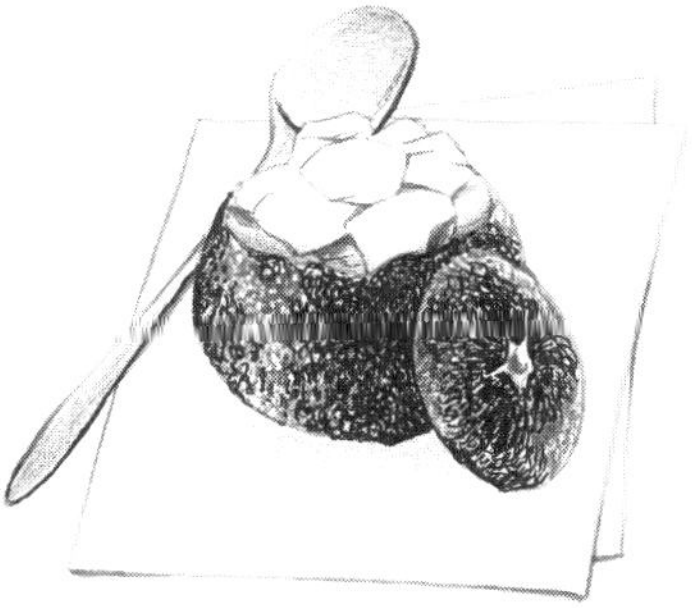

コラム 1

猫のお寺さんぽ道

桜田霞ヶ関の地に、光明寺が創建されたのは1212年のこと。
800年もの長い歴史をもつお寺には、境内はもちろん周辺も見どころがたくさん。
テラスでひと休みしながら、ぜひおさんぽも楽しんでみてください。

お寺の梅

徳川家康の江戸入府の折に、住職・証高が古歌を添えて献上した紅梅です。喜んだ家康は、「開運梅」と称せよ、と命じたそうです。テラスに上がる階段の脇にあります。

東京タワー

テラスからはタワーの上部しか見えませんが、門前からはほぼ全体を見ることができます。東京タワーからお寺までの直線距離は、東京タワーの高さとほぼ同じ約333mとされています。

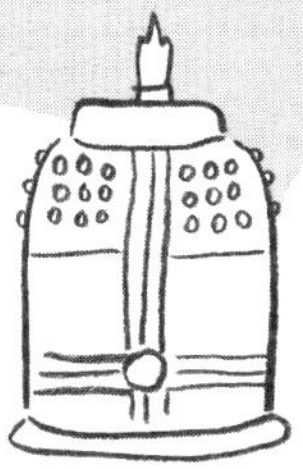

梵鐘

1678年鋳造の梵鐘。当時のお寺の住所「大日本国東海道武蔵州豊島郡江府櫻田」が刻まれています。第二次世界大戦の際に供出したのですが、1996年に幸運にも戻ってきました。

兎

本堂へ上がる階段の踊り場の隅っこに鎮座している木製彫刻。彫刻家で埼玉大学准教授の石上城行さんが高校時代に作られたものです。30年以上この場所で親しまれています。

子どもの笑顔

正門脇の石碑。彫刻家・岩城信嘉さんの作品です。終戦後から昭和42年まで境内に幼稚園があった事跡を記しています。ベビーブームの最中、多くの卒園生を送り出してきました。

本堂の壁画

お釈迦様の生涯に題材を採った、現代風の絵画です。お堂を囲むように描かれた絵画一枚一枚に、心が引き寄せられます。2010年に完成。東京工芸大学教授・画家の谷口広樹さんの作品です。

【神無月】

10月

月の兎と布施の心

芋名月

月の兎と布施の心「芋名月」

秋は名月。空が澄み、月がとりわけ美しい季節です。お月見と言えば旧暦8月15日の十五夜が広く知られていますが、旧暦9月13日にも十三夜というお月見をする習慣があります。今年（２０２０年）は、十五夜は10月1日、十三夜は10月29日に当たります。

十五夜は里芋などの芋類が収穫されるころです。収穫を祝って里芋をお供えする習慣があり、また満月の丸い形と里芋の形が似ていることから「芋名月」とも呼ばれます。十三夜になると、栗や豆が収穫される時期になります。そこで、栗や豆などをお供えすることから「栗名月」「豆名月」とも言われます。

オープンテラスでは、秋に収穫されたさつま芋をクチナシで黄色く色づけして甘露煮にした芋名月を作ります。寒くなり始める季節には、お芋のほっくりとした食感が喜ばれます。芋名月の横に添えるのは豆乳の寒天。なめらかな舌ざわりとほんのりした甘さが嬉しいシンプルなお菓子です。兎《うさぎ》の形をしたクッキー型で型抜きし、9月から10月の満月のころにお出ししています。

さて昔から「月には兎がいる」と言われていますが、こんな昔話を聞いたことはありませんでしょうか。

あるとき、仏道修行をする猿と狐《きつね》と兎の前に、食べ物を乞う老人が現れます。老人のために猿は木の実を、狐は魚をくわえて獲ってきました。しかし兎は老人が食べられるものを何もつかまえることができませんでした。そこで兎は老人に焚き火をするように言います。そして、自分を食べるように言い残して燃えさかる炎の中に身を投げたのです。そのとき老人は帝釈天《たいしゃくてん》（インド古代神話の神・インドラ。仏教に取り入れられ、仏教の守護神となった）に姿を変え、尊い善行をした兎を月に送り、誰もがその姿を見ることができるように月面に兎の姿を写したと言われています。

この話はお釈迦様の前世での功徳《くどく》を描いた『ジャータカ』という仏教説話に由来しています。兎が自分の身を焼いて老人に捧げた話を通じて、布施行《ふせぎょう》（他者にこだわりなく施《ほどこ》すこと）の大切さが説かれています。

「布施」という言葉を聞くと、仏事などでお納めするお金を想像するかもしれませんが、意味はそれだけではありません。「布施」にはお金や物を執着せず施す「財施《ざいせ》」の他に、教えを施し、知識を教授する「法施《ほうせ》」、災害や困難の中にある人に寄り添い、おそれの気持ちを取り除く「無畏施《むいせ》」の3種類があります。

また、『雑宝蔵経《ぞうほうぞうきょう》』というお経には、財物や特別な知恵を持たずともできる布施行として「無財の七施《しちせ》」が説かれています。身体を使って施しを行う「身《しん》施《せ》」（兎の行為は、自分の身を以《も》って行う「身施」の究極と言えるでしょう）、他者のために心を配る「心施《しんせ》」、和やかな表情で接する「和顔施《わげんせ》」、優しいまなざしを向ける「眼施《げんせ》」、思いやりの言葉をかける「言辞施《ごんじせ》」、雨風をしのぐ場や一夜の宿を提供する「房舎施《ぼうしゃせ》」、座席や自分の地位などを譲る「床座施《しょうざせ》」の7つです。

お寺でお茶やお菓子のおもてなしや傾聴をさせていただく身としていつも心に置いているのは、こうした「布施」の心です。オープンテラスは、自分が独占する場ではなく、縁ある方や地域の方と分かち合う共有財産であると私は考えています。ここは憩いの場であるだけでなく、時に立ち止まり雨をしのぐ場所にもなるでしょう。そうした場を自分の身を使って整えていくことを大切にしたいと思います。また、お茶やお菓子の提供や日々のお勤めを丁寧に行うこと。お越しになる方に対して少しでも気配りをしていくこと。穏やかに優しく表情を向け、言葉をおかけすること。傾聴にあたっては、わずかな時間でもその人のお心に寄り添わせていただき、安らかでおそれのない時間を過ごすお手伝いができること。そんなことを少しでもさせていただければと考えています（言うは易《やす》し行うは難《かた》し、ですが……）。

さて、オープンテラスのおもてなしは、毎年4月半ば過ぎに始まり10月末に終了します。11月から3月まで私は「店長」をお休みしますが、オープンテラスは皆さんでお使いいただくことができます。また、お寺での傾聴は、冬の間も続きます。今年1年も、あと2カ月を残すばかり。テラスを片付けながら、変わっていく季節に思いを馳せる今日このごろです。

黄金に輝く満月のよう

芋名月

● さつま芋は厚さ1〜1・5㎝の輪切りにし、水（分量外）にさらしてアクを抜いておく

● 鍋に水を入れ、クチナシの実を割って黄色くしておく

材料 〈約6〜7個、6〜7人分〉

さつま芋（細いもの）　1本（約150g）
クチナシの実　1個
水　300cc
砂糖　大さじ3

●兎の寒天（飾り用）
水　100cc
粉寒天　4g
砂糖　大さじ4
豆乳（牛乳も可）　200cc

作り方

1 クチナシの水に、さつま芋、砂糖を入れ、落とし蓋をして中火で約20分煮る。さつま芋に竹串がスッと通ったら火を止め、常温で冷ます。

2 兎の寒天を作る。鍋に水と粉寒天を入れてよく混ぜ、中火にかけて煮溶かす。

3 砂糖を加えて混ぜ、溶けたら豆乳を2、3回に分けて加える。

4 火を止めて、水にくぐらせた流し型（14×11cm）に注ぎ、冷蔵庫で1時間冷やし固める。

5 芋名月を皿に載せ、兎の型で抜いた寒天を飾る。

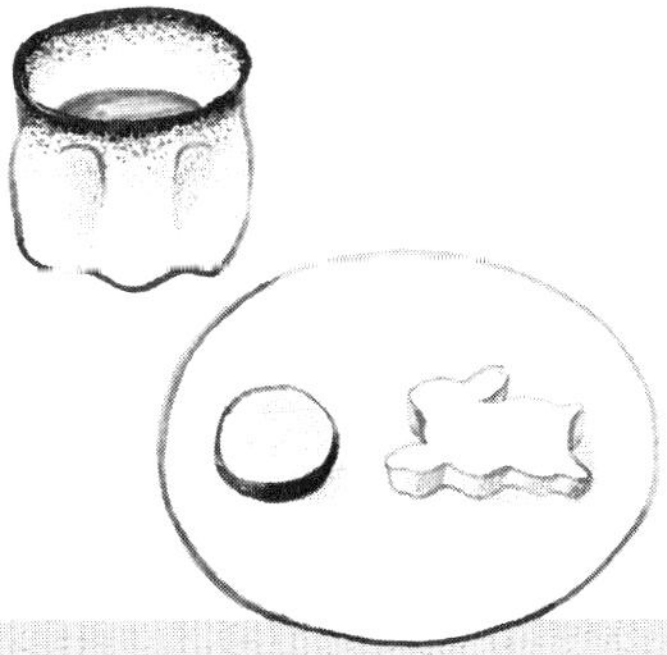

さつま芋を色よく仕上げるためには、ステンレスやホーローの調理器具を使うのがおすすめ。鉄鍋などの金属製を使うと青黒く変色する可能性があります。

霜月

11月

親鸞聖人をしのぶ

浮島

霜月【11月】

親鸞聖人をしのぶ「浮島」

「報恩講《ほうおんこう》」という言葉をご存じでしょうか。浄土真宗の宗祖、親鸞聖人《しんらんしょうにん》をしのんで行う浄土真宗最大の年中行事で、冬の季語にもなっています。親鸞聖人が亡くなられたのは旧暦11月28日（新暦1月16日）。ご命日近くの1週間は各地の本山寺院で盛大な法要が勤められ、秋から冬にかけて全国各地のそれぞれのお寺でも年に1度、日時を決めて報恩講が行われます。本堂では法要をお勤めし、お寺に集う皆さんと一緒に法話を聴きます。

その後は皆でお膳を囲み、「お斎《とき》」というお食事をいただくことも大切な伝統です。食事の内容はお寺によって様々ですが、共通しているのは肉や魚を用いない精進料理であることです。

ここ光明寺では昔からお寺をお手伝いいただく皆さんが集まってお煮《に》染《し》めや野菜の天ぷらなどを作ります。大鍋いっぱいに昆布と椎茸でだしを取るところから始め、煮炊きは前日からの泊まり込み。手間がかかります。「大変ですね」と聞くと、「1年に1度のことだからね」と晴れやかな表情で返してくださいました。また、このお斎では親鸞聖人の好物だったとされるあずきのお料理が

作られます。光明寺では毎年お赤飯を炊き、あずきとかぼちゃの「いとこ煮」を作ります。いとこ煮の語源は煮物の材料を固い順から追い追い（甥・甥）、煮ていくこと、亡き方の遺した徳、「遺《い》徳《とく》」を思うことなどの説があります。

甘い物が好きな私は「あずき」と聞くとお饅頭や羊羹などのお菓子を連想します。親鸞聖人が生きていた鎌倉時代、お砂糖はとても貴重なものでした。庶民の中で生きてこられたと言われる親鸞聖人が砂糖入りのお菓子をお召し上がりになったとは考えにくいのですが、報恩講についてお伝えするためには、あずきを使った和菓子を作るのも一つの方法かもしれません。そう考えて、報恩講の時期にオープンテラスで「浮島」という和菓子をお出しするようになりました。

浮島はあんこと卵を蒸して作る和菓子。蒸し上がった生地が盛り上がる様子が、まるで海面に島が浮いているように見えることから浮島と名付けられました。浮島は白あんを使用し、抹茶や色粉で季節の色合いに染めるのがポピュラーですが、今回はつぶあん入りの小倉あんを使います。つぶあんの舌触りが苦手な方も多いのですが、このメニューならあまり抵抗なくお召し上がりいただけるようです。ふわっとした食感はメレンゲによるもの。角《つの》がぴんと立つまで卵白を泡立てて、しっかり蒸し上げるのがポイントです。

生地を蒸している間、足し湯を片手に見ていると、ふと先日の傾聴を思い出しました。あるお客様が「そう言えばお父さんはビールが好きで……」という一言から、先立たれたお父様との大事な思い出話を聴かせてくださったのです。

傾聴はテラスや本堂で行いますが、本堂を希望されるお客様からは死別に関わるお話をおうかがいすることがあります。先立たれた方に寄せる想いやご生前の思い出、死別を経験してからの心や身体のありよう。様々な話が出てくる中で、ふと先立たれた方の好物の食べ物の話になることもあるものです。

報恩講のルーツは、親鸞聖人の月命日の28日に親鸞聖人をしのびつつ行ったお念仏の集まりだと言われています。ともに手を合わせて亡き方に想いを寄せるという点では、現在のご法事のようなものとも考えられます。集まった方々も色々なお話をしたことでしょう。今日までお寺にあずきの料理をする習慣が残っていることを考えますと、前述のお客様のように「そう言えば親鸞さんはあずきがお好きで……」と、そんなふうに語った方もきっといらっしゃったのではないかと想像します。

　そんな思いを巡らせていると、以前おもてなしでこのお菓子をお出しし、報恩講の話をしたことも思い出しました。近隣で働く常連のお客様から、仏教系の高校に通っていた、というお話をうかがったのです。「高校を出たのはずいぶん前だけど、高校の行事でお寺に行きましたね。報恩講で歌った曲も覚えているわ」と。はじめて聴くお話に驚き、喜んだことを覚えています。

　蒸し器に時々お湯を足しながら30分ほど、色々な思い出が浮かんでは消え、消えては浮かびます。そろそろ浮島の蒸し上がり。お寺の仲間との集まりに、このお菓子を持って行こうと思います。

ふんわり和風蒸しケーキ

浮島

- 卵は割って、卵黄と卵白に分けておく
- 砂糖、小麦粉はふるって、小皿などに分けておく
- 型にクッキングシートを敷いておく
- 蒸し器に6分目まで水を張って沸騰させ、蓋にさらしを巻いておく

材料

〈14×11cm流し型 1台、約8人分〉

卵　1個
砂糖　25g
小倉あん（市販品）　100g
小麦粉（または上新粉）　12g
塩　少々
砂糖（メレンゲ用）　10g

作り方

1 ボウルに卵黄と砂糖を入れ、よくすり混ぜる。

2 粉っぽさがなくなったら小倉あんを加えて混ぜ、塩を入れる。さらに小麦粉を均等にふり入れ、よく混ぜる。

3 卵白に砂糖（メレンゲ用）を2、3回に分けて加え、ピンと角が立つまで泡立てる。

4 **2**に**3**を加えてさっくりと混ぜて流し型に流し入れ、蒸し器にセットする。

5 蓋と蒸し器の間に2本の割り箸で隙間を空け、強火で10分蒸す。

6 蒸し器の底にお湯を足し（分量外）、蓋を閉じて中火で20分蒸す。

7 蒸し上がったら型から外し、常温で冷ます。冷めたら四角く切り分けて、皿に盛る。

竹串などを刺して、生地がついてこなければ蒸し上がりです。蒸し上がっていない場合は、5分ほど延長して様子を見てください。

師走

12月

お釈迦様の成道と牛乳

嶺岡豆腐

12月は師走《しわす》。「お坊さん（師）も走るほど忙しい」と言われる月、私はおもにお寺の掃除をして過ごします。

お寺のモミジもイチョウも12月の初旬に色づき始め、しばらく目を楽しませた後に散っていきます。赤と黄色の落ち葉を掃き集めても、北風に吹かれてすぐに新しい落ち葉が掃除したばかりの場所に積もる。何事も思うようにはならないな。ため息をついてほうきを持つ手をゆるめ、ふと、お寺で行う朝掃除の会のことを思い出します。

光明寺ではお寺の朝掃除の会、「テンプルモーニング」という活動を行っています。文字通り、朝のお寺に集まってお掃除をする試みです。

この活動の提唱者は光明寺の僧侶・松本紹圭さん（１０２ページ）。彼は私の古い親友でもあるのですが、昔から様々なアイディアを考えては次々に実行していく人で、何より仏教が好きでした。彼は２００３年に光明寺に入って以来、お寺カフェ「神谷町オープンテラス」や、お坊さんがお寺の運営やあり方

を学び合う「未来の住職塾」など様々な先進的な活動を行ってきました。そんな彼が日々行う掃除に着目し、良き習慣作りの場としてテンプルモーニングを始めたのは2年ほど前のこと。単身で始めた活動もすぐに反響を生み、今では毎回20名前後の方が参加しています。

参加される方は近隣で働く方や学生、フリーランスのデザイナーさんなど色々です。動機も「お寺に興味があった」「学びを深めたい」「仕事のペースを作るため」と様々なのですが、誰もが淡々とお掃除を行っています。

私も時々参加するのですが、朝の静かなお寺を皆で掃除するのは、普段の掃除とはまた異なる楽しみがあるものです。声を揃えてお経を読むのも、一緒にお茶を飲んで話をするのも楽しみの一つです。

とはいえ、今この境内にいるのは自分一人。今ここでできることをしよう。ほうきを握り直し、再び掃除を行います。寒さに負けず身体を動かしていると気分も良くなり、境内もなんとかきれいになりました。もうすぐ12月8日。成《じょう》道会《どうえ》がやってきます。

成道会とは、お釈迦様の成道（さとりを開くこと）をお祝いする日です。お釈迦様はシャカ族という国の王子として産まれ、29歳で出家しました。さとりを開くためにとても厳しい苦行を行いましたが、さとりには至ることができませんでした。その後、村娘のスジャータに施された乳粥《ちちがゆ》によって体力を回復し、菩提樹《ぼだいじゅ》の下で7日間瞑想《めいそう》することによって、35歳の12月8日にさとりを開かれたそうです。

こうしたことから牛乳と仏教はご縁が深く、オープンテラスでも牛乳を用いたお菓子「嶺岡《みねおか》豆腐」をお出ししてきました。牛乳でこしらえる胡麻豆腐のデザートです。「嶺岡」とは牛乳の別名。江戸時代に千葉県の「嶺岡牧《みねおかまき》」という場所で酪農を始めたことから、牛乳を「嶺岡」と呼ぶようになったそうです。

このお菓子を作ったのは青江さん（１０６ページ）。こっくりとした胡麻の風味と甘くやわらかい味で大人気のメニューになりました。当初のメニューではゼラチンを使って固めていましたが、近年の健康志向の高まりやお客様のリクエストにより寒天に変更しました。

成道会の後は、毎年あっという間に過ぎていきます。

12月の週末には、テンプルモーニングの他にも様々なご縁でお寺に集う方とお掃除をする機会に恵まれます。「誰そ彼」の仲間（45ページ）は本堂の壁を拭き、おあさじ（朝のお経のお勤め）の会の皆さんは本堂の仏具を磨き、ヨガ教室の皆さんは境内を掃き清めます。誰もが楽しみながら参加してくださるのが嬉しいことです。

お寺ではせめてものお礼として参加の皆さんにお茶やお菓子をご用意しています。次のお掃除の会では、嶺岡豆腐を作ってお出ししてみようと思います。

「善き友・善き仲間がいることは修行の半ばではなく、修行の全てである」とお釈迦様は説かれました。

たくさんの善き友・善き仲間に支えられている喜びを感じつつ、今年もお寺の師走は過ぎていきます。

胡麻の風味が香ばしい
嶺岡豆腐

材料　〈14×11cm流し型1台、4人分〉

水　50cc
粉寒天　3g
砂糖　大さじ4
練り胡麻　小さじ1
牛乳　300cc
黒蜜（市販品）　適量

作り方

1 鍋に水と粉寒天を入れてよく混ぜ、
中火にかけて煮溶かす。

2 弱火にして砂糖、練り胡麻を順に入れ、その都度よく混ぜる。
牛乳を数回に分けて入れて混ぜ、
中火で沸騰寸前まで温めたら火を止める。

3 漉しながら水にくぐらせた型に流し入れ、
粗熱がとれたら冷蔵庫で1時間冷やし固める。

4 4等分して器に盛り、お好みで黒蜜をかける。

しっかり漉しながら
型に流し入れることがポイントです。
練り胡麻が均等になり、
ムラのない味わいになります。

睦月

1月

1年の息災を願う ぜんざい

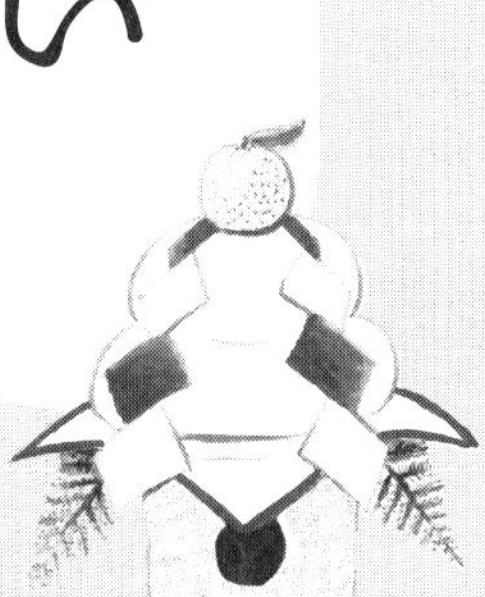

1月11日。松の内が明け、お正月ののんびりした雰囲気から少しずつ新しい年に馴染み始めるころ。本堂の仏様にお供えした、お正月のおもちを下げます。いわゆる「鏡開き」です。鏡開きは武家社会にできた風習で、刃物を使わず木槌を用いること、「切る」「割る」といった忌み言葉を避けて「開く」と呼ぶことが大事と教わったことがあります。

年末から長いこと仏前にお供えした大きなおもちはカチカチに固くなっており、ずっしりとした重さがあります。丁寧に下ろしたら、お寺の台所に運び、よく洗います。表面をアルコールで消毒し、固くなった箇所や傷んだ部分を包丁やナイフを使って除きます。鏡開きの伝統に則《のっと》ると木槌を使うのが良いかもしれませんが、重くて大きなおもちを安全に処理するために、光明寺ではこのような方法をとっています。

きれいになったおもちは水を張った清潔な容器に入れ、密閉して冷暗所で保存します。これは昔ながらの「水もち」という方法だそうです。おもちは水に浸けることで柔らかくなります。容器の水がきれいな状態に保たれていれば、すぐに悪くなるものではないということ（とはいえ、安全のため早くいただくようにしています）。扱える程度に柔らかくなったおもちは、取り出して包丁で切り分け、お寺に集う皆さんといただくのが習慣になっています。

このおもちをお雑煮や揚げもちなどでいただくこともありますが、皆さんが一番楽しみにしているのが「ぜんざい」です。大きな鍋いっぱいにあんを炊き、おもちを焼いて作ります。作ってくださるのは、お寺をお手伝いいただく女性の皆さん。その年の炊事担当の方によって、毎年少しずつ味が変わります。思い切り甘くてしょっぱい年もあれば、甘さ控えめの年もあります。

「ぜんざい、甘かった？　私は田舎育ちだから、いつもこの味なのよ」「おしるこも甘くないとやっぱり日持ちしないのよね。うちはこしあんだったわ」。

湯気と甘い香りの中、お寺に集う皆さんの間でそんな会話が交わされます。同じ中身を「ぜんざい」と呼ぶ人もいらっしゃれば、「おしるこ」と呼ぶ人もいらっしゃいます。

関東と関西では、「おしるこ」と「ぜんざい」の指す食べ物が異なり、関東ではこしあんで作るものを「御膳汁粉《ごぜんじるこ》」、粒あんで作るものを「田舎汁粉《いなかじるこ》」と呼びます。「ぜんざい」は汁気のないあんが入った椀物になります。

いっぽうの関西では、こしあんで作るものを「おしるこ」、粒あんで作るものを「ぜんざい」、汁気のないあんが入った椀物を「亀山《かめやま》」と呼ぶそうです。神奈川県で生まれ育った私にとっては「おしるこ」が馴染み深い呼び方ですが、お坊さんとなってからは「ぜんざい」にも愛着が出てきました。

ぜんざいは「善哉」と書き、仏教に由来する言葉。仏典の中では、お釈迦様が弟子の述べたことを褒めるときの定型句として「善哉」の言葉が使われています。ぜんざいの名を広めたのは「一休さん」でもおなじみ、臨済宗の名僧・一休宗純《いっきゅうそうじゅん》禅師《ぜんじ》。京都の大徳寺で、おもちの入ったあずき汁をごちそうになり、あまりのおいしさに「善哉此汁《よきかなこのしる》」とおっしゃったことが始まりであると言われています。

現在、一休さんゆかりのお寺、酬恩庵《しゅうおんあん》（通称・一休寺）には「一休善哉の日」という行事があります。1月1日生まれの一休禅師にちなんで毎年1月に行われる行事で、その一年の各人の誓いの言葉を絵馬に記して祈祷奉納を行い、その後ぜんざいが振る舞われるそうです。

他にも、ぜんざいの語源は、出雲地方の「神在《じんざい》もち」に由来するという説があります。旧暦10月は全国の八《や》百万《およろず》の神々が出雲の国に集まり、神様が留守になるので神無《かんな》月《づき》と呼ばれ、出雲では神在月《かみありづき》と呼ばれています。この神在月に出雲大社で神在祭という神事が行われます。その際に振る舞われるのが神在もちです。出雲の方言でこれを「ずんざい」と呼び、やがて「ぜんざい」として広がっていったとか。

色々な説がありますが、ぜんざいは全国各地で親しまれていて、語りがいがある食べ物です。ぜんざいを作る人・そして食べる人にも、良い一年の始まりとなりますように。

身体がほっこり温まる ぜんざい

材料 〈汁椀4個、4人分〉

水　320cc
粒あん（市販品）　300g
切りもち　4個

作り方

1 深めの鍋に水と粒あんを入れ、よく混ぜながら中火で温める。

2 塩少々（分量外）を加えて、味を調える。

3 汁椀に盛りつけ、焼いたもちを入れる。

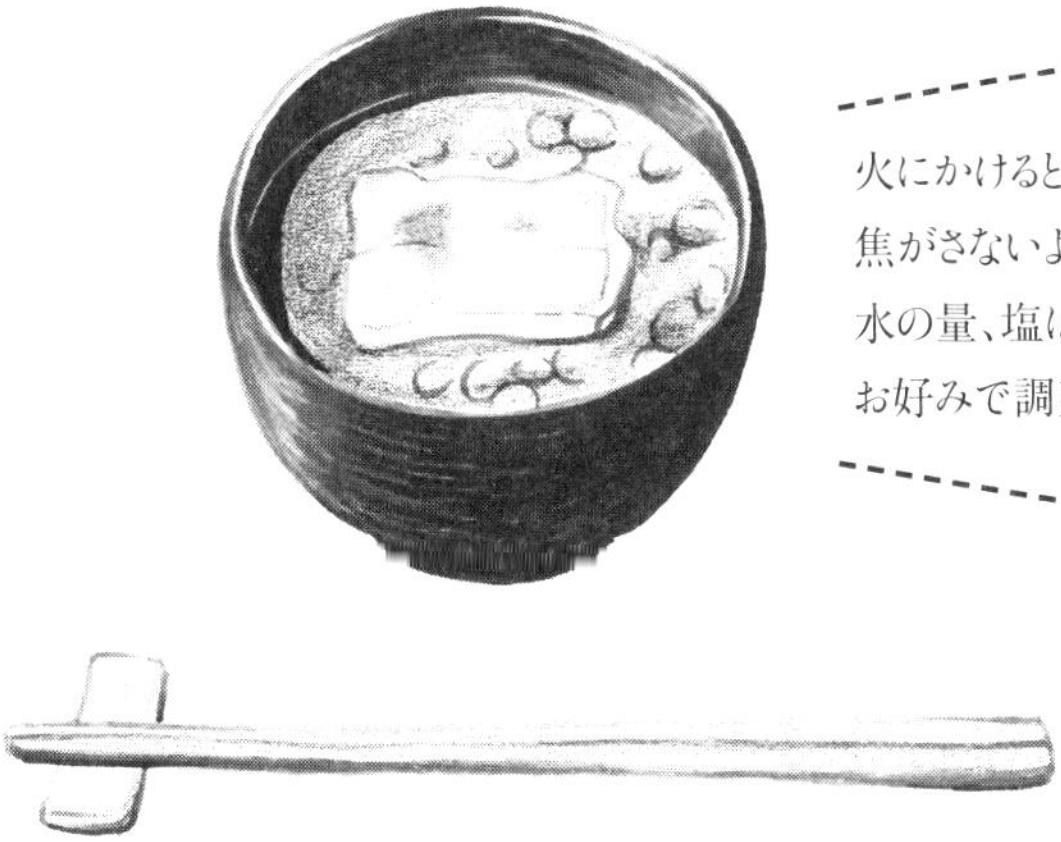

火にかけるときは、
焦がさないように気をつけましょう。
水の量、塩は
お好みで調整してください。

如月

2月

梅の実になぞらえて

うめもどき

2月。立春を過ぎれば暦の上では春となり、日差しこそ少しずつ強まってきますが、まだ寒さの厳しい時期です。広葉樹は枯れ落ち、大半の植物が寒さに耐えているようにも見えます。そんな時期に咲き始めるのが梅の花。赤い色は目を楽しませ、かぐわしい香りは気分を浮き立たせてくれます。昔の人は旧暦2月を如月《きさらぎ》と呼び、初花月《はつはなづき》、梅見月《うめみづき》とも呼びました。

光明寺は昔から「梅のお寺」として親しまれてきました。徳川幕府初代将軍・家康が光明寺の梅を喜んだ故事にちなみ、3代将軍・家光から「梅上山《ばいじょうざん》」の山号《さんごう》（お寺の名前）を贈られたことが、そのきっかけです。江戸時代、幕府への新年寺社献上の第一番は光明寺の梅とされていたそうです。

今でも境内には何本かの梅の木が植えられていて、毎年、律儀に花を咲かせます。花が咲くと、境内を寒そうに足早に歩いていたお客様が梅の木の下で足を止めるようになります。カメラを構える方。スケッチブックを取り出す方。「咲いたね」「咲きましたね」という挨拶を交わす方。アウトドアがお好きなお客様は、梅の花の蜜を吸いに来る黄緑色の鳥を見て「メジロが来たね。梅にウグイスと言うけれど、ウグイスはもっと茶色っぽい色なんだ」と教えてくれました。お寺に咲く梅が季節に彩りを加え、人と人とをつなぎます。

お寺で梅が咲く度に皆さんが喜ばれる様子を見るにつけ、梅にまつわるお菓子を作ることができないだろうか、とふと思いました。しかし、これが予想外に難しい。梅の花をかたどった練り切りやお饅頭は自分にはまだ上手く作れません。初夏にはお寺の梅を収穫してジャムを作っていますが、夏が終わるころにはすっかり使い切ってしまいます。お寺で漬けた梅干しはありますが、お菓子に適しているとは言えません。時期を問わずにお出しできる梅のお菓子はないものだろうか……?

そんなとき、精進料理に「もどき料理」と言われるものがあることを知りました。野菜や豆腐などの植物性の食材を使って、肉や魚などに模した献立を作るものです。代表的なものが、一説には雁《がん》の肉を模したと言われている「がん

もどき」です。こんにゃくで作ったお刺身やお豆腐で作るうなぎの蒲焼きなども、もどき料理に入ります。この「もどき料理」は中国や台湾などでは素食《スーシー》と呼ばれ、独自の食文化として発達しています。以前台湾を訪れた際にいただいた料理は、味も見た目もマグロそのもののこんにゃくや、大豆製のこってりした酢豚。見た目と味のギャップ、その意外なおいしさに驚いた記憶があります。
素食は仏教徒が守る「五戒《ごかい》」の一つ、生き物の命を奪わない「不殺生戒《ふせっしょうかい》」に触れないことはもちろんのこと、現地の仏教徒の方は、お坊さんもそうでない人も同じ食卓を囲めることや、見た目だけでも同じものを食べられるのが嬉しいと話していました。

魚や肉のもどきがあるのなら、梅のもどきもあっていいな、と考えを進めると、乾物屋さんでうってつけの食材を見つけました。干しあんずと干しいちじくです。干しあんずは梅の実と、干しいちじくは梅の種と形が似ています。食感はやや固いですが、ぬるま湯で戻すと柔らかくなります。この2つを組み合わせると梅の実のようにできるのではないか？　そう考え、「うめもどき」を作りました。

うめもどきは地味なお菓子ですが、あんずの中にいちじくが潜んでいるため、お召し上がりいただいた方は驚かれるようです。海外経験が長かった男性のお客様は「フィグ!?」と叫び、「これ、あんずといちじくだね、驚いた」と話しました。「いちじく？　これは女性が喜びますよ！」と声を上げたのは医学系のお仕事をしている女性のお客様。あんずは冷え性に効き目があり、いちじくには健康や美容に効能のある成分がたくさん入っているそうです。伝統的な健康食の梅干しにはかないませんが、身体にやさしいお菓子ではないでしょうか。

2月は寒さや日照時間の不足から体調を崩しがちな季節。寒い時期はうめもどきを温めて、温かい紅茶と一緒にいただくのもおすすめです。身体にやさしいこのお菓子が、いくぶんか養生となるのではと思います。寒さの時期を乗り切るお手伝いができれば幸いです。

うめもどき

ぷっくりとした梅の実のよう

材料 〈8個、4人分〉

あんず（ドライ・種なし）　8個
いちじく（ドライ）　8個
ぬるま湯　約300cc
砂糖　80g
はちみつ　大さじ2

作り方

1 あんずといちじくを小鍋に入れ、ぬるま湯に15分ほど浸す。

2 あんずといちじくを取り出し、小鍋に残った湯に砂糖、はちみつを加える。弱火にかけ、よく混ぜて溶かす。

3 あんずといちじくを小鍋に戻し、沸騰させる。蓋をして2、3分煮、火を止める。

4 粗熱がとれたら容器に移し、冷蔵庫で半日ほど漬ける。

5 あんずの穴（種を取り除いたときにできる穴）にティースプーンをさし入れて開き、いちじくを詰める。

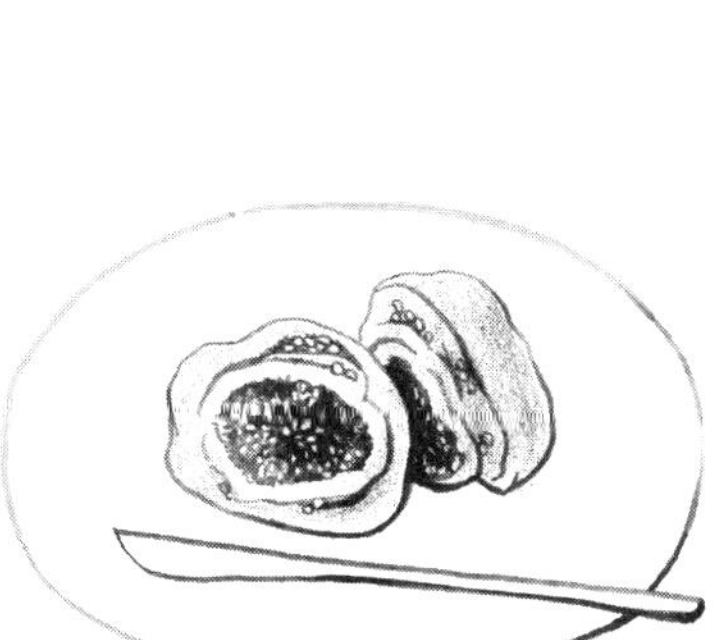

いちじくは楊枝などに
刺しておくと詰めやすいです。
シロップは寒天やヨーグルトなどの
蜜に使えます。
レモン汁を数滴加えても
おいしいです。

弥生

3月

今このときを大切に

桜もち

光明寺の境内から本堂につながる大きな階段を昇ると、目の前にオープンテラスが見えてきます。奥の方にはお隣の専光寺《せんこうじ》さんとオランダ大使館があり、その辺りに1本のソメイヨシノがあります。冬の間は目立たない姿ですが、花が開くと辺り一帯がぱっと明るくなります。東京の平年の桜開花日は3月26日。春分の日を含む前後3日間行われる、春のお彼岸《ひがん》の間に咲くこともあります。

お彼岸の語源はサンスクリット語で「修行の完成」を意味する「パーラミター（波羅蜜多）」の漢訳「到彼岸《とうひがん》」を略したもの。私たちの世界「此岸《しがん》」に対してさとりの境地を表す「彼岸《ひがん》」を対置させたものです。春分の日と秋分の日には太陽が真東から昇り、真西に沈みます。沈む太陽に西方の極楽浄土《ごくらくじょうど》を重ね合わせ、極楽浄土に往生することを願ったのが始まりです。その後お彼岸は亡き方やご先祖様のことをしのんでお墓参りをする習慣として定着しました。

春のお彼岸は温暖で過ごしやすく、毎年多くの方がお越しになります。学校が春休みになるため、お子さんやお孫さんとともにお墓参りに訪れるご家族の

姿も見えます。

ある日境内の掃除をしていると、4歳くらいの小さなお子さんが正門の石碑のすぐ前で立ち止まり、手にした小さな草花を置いてお供えするのを見ました。「お母さん、お顔にお花あげたよ」。後ろから歩いてくるご家族がそれを見て微笑みます。

光明寺は戦後の一時期「西久保幼稚園」という幼稚園を運営していました。地域の少子化により昭和42年に閉園しましたが、お寺の入口にある笑顔の石碑（63ページ）がその事跡を伝えています。

私は、春のお花見の機会に桜もちを作って持参しています。

桜もちには水で溶いた小麦粉を焼いて作った生地であん玉を包み、桜の葉を巻いた関東風の「長命寺《ちようめいじ》」と道明寺《どうみようじ》粉（もち米を蒸して乾燥させ、挽いたもの）であん玉をくるみ、桜の葉を巻いた関西風の「道明寺」の2種類があります。どちらの桜もちも好きですが、近年は道明寺を頻繁に作るようになりました。

道明寺を作るコツは、手のひらで生地を平たくして生地の端を指先で伸ばすようにしながらあん玉を包むことだと、長年、和菓子職人をしてきたお檀家さんに教えていただきました。神谷町光明寺の親戚のお寺、埼玉の草加《そうか》光明寺で年末に行われるもちつきに参加したときに聞いたことです。それ以来、桜もちを包むときはその方のお顔を思い出すようになりました。

お彼岸が終わると３月もあと数日。多くの会社や学校で年度末を迎えます。オープンテラスを利用する方が神谷町を去るのもこの時期が多いもので、先ほどまでお弁当を食べていた方から去り際に「今までお世話になりました」とご挨拶をいただくことがあります。ありがたいことに「昼休みにここに居られてとても助かった」とまで仰っていただくこともあります。オープンテラスで過ごすのはその方の１日のうちのほんのわずかな時間ですが、少しでもお役に立つことができたのであれば何よりです。

咲き始めた桜を見ながら自然と思い浮かぶ漢詩の一節があります。

「年年歳歳《ねんねんさいさい》花《はな》相似《あいに》たり、歳歳年年《さいさいねんねん》人《ひと》同《おな》じからず」

　中国の唐代の詩人、劉希夷《りゆうきい》の詩です。

　この漢詩のように、私達は皆ずっと同じではいられません。老い、病み、やがては命を終えていく身であり、明日を生きていられるかも分かりません。家族を亡くす経験や東日本大震災（１０４ページ）を経て、そうした想いは、なお強まりました。

　だからこそ、今このときを大切にしたいと思います。お寺で出会い、お目にかかれることを喜びたいと思います。今の自分にできることは、この場所を整えていくこと。お寺に足を運ぶ方のために準備をしておくこと。自分にできることはごく限られていますが、小さなことを地道に続けていければと思います。

　オープンテラスの活動は毎年４月半ば以降に再開します。お茶やコーヒー、手作りのお菓子を用意して、私も再び「店長」となります。

　新しい季節、お寺で皆さんとお会いできることを楽しみにしております。

春の訪れをことほぐ

桜もち

- 食紅は水に溶かして、ごく薄いピンク色にしておく
- 桜の葉は水（分量外）に約20分浸して塩抜きし、ふいておく

材料　〈4個、4人分〉

食紅　少量
水　80cc
桜の葉（塩漬け）　4枚
こしあん（市販品）　70g
道明寺粉　50g
砂糖　10g
塩　少々
手水（砂糖と水を1：5で割った砂糖水）　少量

作り方

1 こしあんは4等分にし、
手のひらで丸めてあん玉にする。

2 耐熱容器に道明寺粉と溶かした食紅を入れて混ぜ、
そのまま10分置いて色をつける。

3 **2**にふんわりとラップをし、
電子レンジ（600W）で2分加熱する。
砂糖、塩を加えて混ぜ、乾いたふきんをかけて5分蒸らす。

4 ふきんを外し、しゃもじで混ぜて4等分に分ける。

5 手のひらを手水にぬらして生地を取り、
冷めないうちに**1**のあん玉を包む。
仕上げに桜の葉でくるむ。

道明寺は冷めないうちに包みましょう。
扱いやすく、食感が良くなります。
手水を使うと、おもちが手につきにくく
つるんと包めます。

コラム2

お寺の植物ごよみ

**光明寺は、都心には珍しい緑豊かな「憩いの場所」。
ここでは、四季を美しく彩ってくれる
境内の植物を紹介します。**

春

梅（花）

徳川家康が光明寺の梅を喜んだ
故事にちなみ、「梅のお寺」として
知られてきた光明寺。
早春の訪れには、紅・白の
美しい花を咲かせます。

桜

オランダ大使館のあたりで咲くソメイヨシノ。
テラスの奥側から見えます。
美しいピンク色で、辺り一帯が華やぎます。

夏

あじさい

随所にあるのが、色とりどりのあじさい。
初夏にかけて美しい色を添えてくれます。
テラスでは季節限定スイーツ「あじさい」も。

梅（実）

梅雨になると、境内の梅の実が
黄色く熟して甘い香りに包まれます。
収穫したら、シロップなどにして皆さんにお裾分け。

エンジェルストランペット

ラッパがぶら下がるように咲く熱帯花木です。
年間に数回、白くて大きな花を咲かせます。
甘くてエキゾチックな香りがします。

季節によってアゲハチョウやセミ、カエルなどの姿も。
四季とともに移り変わる境内をぜひお楽しみください。

秋

キンモクセイ

中庭にあり、テラス奥側からも少し見えます。
10月初めごろに、オレンジ色の小花が咲きます。
甘くて優しい香りがします。

ケヤキ

墓地をずっと見守ってきた大きな木です。
ギザギザの葉の形が特徴で、晩秋には紅葉を迎えます。
テラスの左手から見ることができます。

モミジ

山門の階段横にあり、晩秋に紅葉します。
真っ赤に色づく11月ごろ、
春から続いたテラスのおもてなしも終了です。

冬

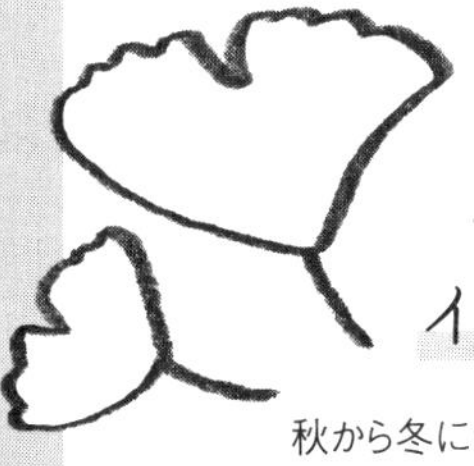

イチョウ

秋から冬にかけて、黄色い葉を落とします。
本格的な冬を迎える前に、
鮮やかな色味が目を楽しませてくれます。

万両

赤の実が目に鮮やかな、お正月の縁起の木です。
梅の木の下に自生し、冬に目を惹きます。
1年を振り返り、思いを馳せます。

特別対談1

この世とあの世をつなぐ「お寺の縁側」

神谷町オープンテラスが始まった当時は、「お寺カフェ」という言葉もなく、斬新な発想で話題になったものです。発案者のお一人・松本紹圭さんとともに、これまでの歩みを振り返りながらご対談いただきました。

松本紹圭さん
（まつもと・しょうけい）

光明寺僧侶。未来の住職塾塾長。東京大学文学部卒。「お寺は良き習慣の道場」を理念に、テンプルモーニング などお寺と人をつなぐ様々な企画に携わる。『こころを磨くSOJIの習慣』（ディスカヴァー・トゥエンティワン）他、著書多数。
http://twitter.com/shoukeim

「君はこの世に向いていない」の言葉に込められた意味

木原　松本さんは卒業してすぐ、ここ光明寺でお坊さんになりましたね。

松本　仏教は好きでしたし、祖父が住職なのでお寺にはなじみがありました。なので、お寺をもっと身近な存在として開いていきたい。何か貢献できれば、と思っていました。

木原　松本さんとは学生時代からの友人ですが、昔からよく仏教の話をしていましたよね。

松本　そのためには、まずは自分自身がお坊さんになろう、と。わくわくしながら仏門に入ったんです。

木原　いっぽうの私は、卒業はしたけれど就職できず。しばらくして、お坊さんになった松本さんのところへ人生相談に訪ねました。

松本　そうだっけ。

木原　うん、光明寺のイベントには顔を出していたし。

松本　そうそう、当時から、青江覚峰さんをはじめとする仲間達とお寺でのコンサートなどを企画していて。お寺に親しみをもっていただけるように、このテラスもそうですが。

木原　今でこそ珍しくなくなりましたが、当時は斬新でしたよね。で、松本さんにどう生きていこうかという相談をしたら「君はこの世に向いていないと思う」と言われたんです。

松本　この世の中に属すのは向いていないのではないか、と。

木原　言葉通りに受け取ると「ひどいな」という感じですが（笑）。

松本　でも出家も同じことなんです。俗世間と適度な距離をとりながらも、関わり続けて良い影響を与えていく。

木原　当時の私はショックを受けながらも、そこには何か深い意味があるのだろうな、とは思っていました。

松本　うん。

木原　今思えば、このときに何かしらの導きの種がまかれたのではないかと思います。

テラスは、この世とあの世の「間」をもつ縁側的存在

松本　テラスは、昔のお寺でいう「縁側」のような場所だと思います。

木原　そうですね、本当に。

松本　お堂はまさに宗教的な空間、あちら側の世界。そして、テラスはカフェっぽいですが、お堂と社会の「間」つまり縁側として、どなたでも自由にお寄りいただける場所。

木原　はい。

松本　そんな場所とはいえ、その場を預かる店長役は必要。ということで、木原さんに声をかけたんだよね。このとき木原さんはまだ就職していませんでしたし、会社勤めする姿はどうも想像つかない。まさに社会の「間」的な存在。適任だと思って。

木原　最初はさすがに驚いて断りました。飲食業界の経験もなかったし。でも、営利が目的ではなく、あくまでもお寺と人をつなぐ役割だと分かって「これもご縁だな」と。引き受けることにしたんです。

松本　イスとテーブルは知人から譲り受けたものを並べて。

木原　コーヒーと紅茶の飲み物だけお出ししていましたよね。

松本　で、よろしければお賽銭を入れていただく、という仕組みにしました。スイーツを出すようにしたのは、青江さんだよね？

木原　そうです。「お茶に甘い物があると良いね」というお声があって、料理が得意な青江さんに作っていただきました。その後を私が引き継いで現在に至るという感じです。

東日本大震災や原発問題の不安から始まった「傾聴」

松本　傾聴は木原さんが始めた試みだよね？

木原　はい、２０１１年の東日本大震災をきっかけに始めました。

松本　そうか……。

木原　私はあの日、まさにテラスにいました。揺れがおさまった後でテラスが自然と一時避難の場所になったんです。帰宅困難に陥った方など、大勢の人が身を寄せられて。

松本　本当に大変な一夜でしたね。その後には原発の問題も。

木原　ええ、皆さん口々に「これからが不安だ」とおっしゃるようになりました。そこで自分にできることがあるだろうか、と考えて。

松本　うん。

木原　私は、高齢者福祉施設でお話を傾聴する、お坊さんのボランティア団体に参加していまして。それをテラスでも実践しよう、と。

松本　なるほど……いろいろつながっていますね。

木原　つながっていますね。私もいろいろなご縁をいただいてお坊さんになりました。

松本　木原さんがお坊さんになったのは、傾聴を始める前だったよね。

木原　はい、２００９年のことです。当初からなぜかお坊さんと思われていたようで、相談をいただくことも多々ありまして。

松本　すでにお坊さんみたいな雰囲気だったものねぇ（笑）。

木原　お話をおうかがいしながら、自分は何もできないけれど、仏教には人の悩み・苦しみを解決する答えがあるのではないかという思いに至ったんです。

松本　うん。

木原　それで、思い切って、住職に相談して仏門に入りました。

松本　木原さん、テラスに立ってどのくらい？

木原　約15年です。

松本　すごい。

木原　先日も、独身だった方が久しぶりにお顔を見せてくださったのですが、お子さんを連れていらして。時間の積み重なりを感じます。

松本　諸行無常をうたいながらも、変わらず日々のことが続いている。そして、これからも変わらず続いていくのだろう、と信じられる。それが「テラスという縁側に立ち続ける木原さん」の存在なのでしょうね。

木原　ありがとうございます。これからもテラスに立ち続けられたらと思います。

特別対談2

「おいしい」と「やすらぐ」がある場所に

本書でも紹介している、テラスの名物スイーツ・わらびもちなどは、料理僧・青江覚峰さんが作っていたものを木原さんが引き継いだとか。そこで、お二人のご縁やスイーツ誕生エピソードなどを語り合っていただきました。

青江覚峰さん
（あおえ・かくほう）

浄土真宗東本願寺派 湯島山緑泉寺住職。「暗闇ごはん」代表。米国カリフォルニア州立大学にてMBA取得。料理僧として料理、食育に取り組む。『お寺ごはん』（ディスカヴァー・トゥエンティワン）など著書多数。
https://www.ryokusenji.net/kaku/

お寺の懐の深さによって、結ばれたご縁の数々

青江　お寺は、とても懐が深いところです。誰が来ても受容されます。だから、普段なかなか出会えないタイプの方ともご縁をいただけます。私と木原さんのように（笑）。

木原　出会いは、お寺の音楽イベントがきっかけでしたね。

青江　木原さんがテラスの店長を引き受けてくれた、と聞いたときは嬉しかったですね。

木原　不安はありましたが（笑）。

青江　これもお寺の懐の深さ。副店長の浦辺さんも、ね？

木原　はい。テラスのことを知って、自ら副店長役に来てくださいました。彼女はお寺出身で、しかもカフェで働いていたので現場に明るい。本当に助かりました。

青江　そうやって、人と人がつながる場所。実はこれ、テラスのコンセプトでもあります。たとえば、名前は「光明寺オープンカフェ」でも良かったわけです。

木原　確かに。

青江　でも、一緒に立案した松本さんと話し合って「それはやめよう」と。光明寺という個ではなく、神谷町という地域の共有財産にしたい。あくまでも公の場として「テラス」と名付けました。

木原　皆さん、思い思いにお使いいただいていますものね。

青江　週末は法要で人が集まっても、平日は空いていて、場所がもったいない。じゃあ、地域の人にオープンスペースとして開放しよう、と。互いのニーズをマッチしていきました。

青江さんから引き継いだ、スイーツへの想い

青江　お客様からは「緑があって、東京タワーがあって、お墓があるのは世界中でもここだけですよね」と、よくお声がけいただきました。

木原　そりゃあ、そうですよね。

青江　そして、この環境をより楽しむためにはどうすれば良いのか、お客様が自ら考えてくれるわけです。「甘い物があると、もっと良いよねえ」とか（笑）。

木原　いよいよスイーツ誕生ですね。

青江　最初に作ってお出ししたのは、わらびもちでした。

木原　当時は白玉粉入りでしたね。

青江　お寺は清浄と言いますが、人間の色々な汚い想いも含めて、誰が来ても許されるところです。

木原　はい。

青江　そういう意味も込めて、透明できれいなわらびもちではなく、白玉粉を入れて少し濁らせたものを作りました。濁っているけれど、味わいがあっておいしい。

木原　なるほど。あと、嶺岡豆腐も名物になりましたよね。

青江　昔から様々なお寺で作られてきた、牛乳を使ったスイーツです。「動物性の食材を使ってもいいの？」と聞かれますが、これはお寺によって考え方が変わります。

木原　はい。

青江　「嶺岡」という名前にも意味があって。まず、日本語には隠語があります。たとえば、「丹波」と言えば黒豆。

木原　「紀州」と言えば梅ですね。

青江　そうです。で、「嶺岡」と言えば牛乳です。千葉県に嶺岡牧というところがあって、徳川吉宗が日本初の酪農を試みたのです。いわば近代酪農の発祥の地ですね。

木原　口当たりは、豆腐とも寒天とも違いますよね。

青江　要は、ブランマンジェです。これに胡麻を混ぜていました。

木原　あと、黒蜜豆乳タピオカも印象的でした。青江さんはブランデー

を香りづけに使っていましたよね。

青江　お寺ではお酒をいただくことが多いので……。

木原　やはり青江さんは「料理」がベースですね。一品ごとに物語や想いがあり、料理の最後にいただくものとしての配慮もうかがえます。

青江　その後、緑泉寺が忙しくなって、なかなかテラスに立てなくなって。レシピを木原さんに引き継ぎました。

木原　当時、試作品をタッパーにつめて緑泉寺まで通ったことを覚えています。懐かしいですね。

テラスは社会の「Ｂｅ」の部分。そこに人々は安堵感を抱く

青江　木原さんが傾聴を始めたことを知ったとき、まさにぴったりだと思いました。私は相談を受けると、「これはこう」と返してしまうのですが、木原さんはそうしませんね。

木原　その方の悩みに対して、こちらが代わりに答えを出せるものでもないですし。一緒に悩む時間を共有することが大切だと思っています。

青江　以前、悩み相談に来た女性が一緒に悩んでくれる木原さんの姿を見て「私の悩みは浅かった、出直してきます」と立ち去ったことがありました。私には衝撃的でしたね。

木原　とはいえ、あれで良かったのかは自問しています。

青江　良し悪しは分かりません。ただ、それが木原さんのスタイルとして出来ている、と思いましたね。

木原　青江さんの場合、傾聴というよりはアドバイスなのだと思います。アドバイスをする「Ｄｏ」とそこにいる「Ｂｅ」の違いでしょう。

青江　そう。私は解決策をロジカルに出そうと「Ｄｏ」をしてしまう。これは一般社会の方にも多いと思います。いっぽうの木原さんは「Ｂｅ」として在り続けるわけです。何かを「する」わけではない。社会で言うと、ゆとり・遊びに当たりますが、実はこの部分がないと非常に危ない。

木原　車のブレーキにも、ゆとり・遊びがないと危険だと言いますね。

青江　まさしく。そしてまた、お寺も社会の「Ｂｅ」の部分です。だからこそ、私たちは安堵感を抱くのかもしれませんね。

木原　今後、地域社会におけるお寺の在り方にもつながりそうなお話です。ありがとうございました。

おわりに

最後までこの本をお読みいただきありがとうございました。神谷町オープンテラスの歩みを振り返り、頭に浮かぶのは「ご縁」という言葉。私達がこれまで15年間活動を続けてこられたのは、様々な方のご縁、つながりにお支えいただいたおかげです。

さて、オープンテラスは場所の雰囲気やメニューなどから「お寺カフェ」という愛称をいただいております。「カフェ」という言葉から新しく珍しい試みという印象を持たれることもありますが、私達が行うことは決して特別なことではありません。お寺がご参詣の方に対して昔から自然に行ってきたお茶やお菓子での「おもてなし」を、時代と場所に合わせて少しだけ形を変えたものにすぎません。この本を通じてお寺に伝わるおもてなしの伝統を少しでも伝えられればと思います。また、レシピの中から一つでもお菓子を作り、身近な方に振る舞っていただけるのであればとても嬉しいです。

　私が意識したことは、この本を通じてお寺の様子をお届けすることです。オープンテラスの活動を行う中で、私はしばしば「今はテラスに行けません」というメールをいただいてきました。理由は様々です。仕事が忙しい、遠方に住んでいる、介護や育児で家を離れられない、病床にいる等々。いつかご縁が整い、お寺に足を運んでいただける日が来ればと思いつつ、皆様それぞれがいらっしゃる場所からも、少しでもお寺の雰囲気をお感じいただければ幸いです。また、お寺や仏教に興味をお持ちいただいた方が、光明寺のみならず身近なお寺にも足をお運びいただき、ご縁が深まるきっかけとなれば幸いです。

この本の出版にあたり、本当に多くの方にお世話になりました。特に株式会社ＳｏｕＧｏの島晶子様や同社の皆様には企画から執筆、校正まで粘り強く伴走いただき、大切にこの本を作ってくださいました。出版をお引き受けいただいた河出書房新社の町田真穂様や同社の皆様からは深いご理解と的確なご助言をいただきました。

さくらいしょうこ様の写真と水嶋千恵様のフードスタイリング、姉・木原由美作のガラス器は、素朴なお菓子を何倍も魅力的にしてくださいました。

神谷町オープンテラスの企画者・松本紹圭師と青江覚峰師には貴重な対談の機会と過分なコメントをいただきました。

神谷町オープンテラスをともに作り、育ててくれた歴代のボランティアスタッフ、いつもあたたかく支えてくださる光明寺の皆様、これまでお参りいただいた皆様に深く感謝申し上げます。合掌。

２０２０年2月吉日　木原祐健　拝

著者　木原祐健（きはら・ゆうけん）

1978年神奈川県生まれ。浄土真宗本願寺派僧侶。神谷町光明寺所属。寺院内オープンスペース「神谷町オープンテラス」店長としてお寺を訪ねる方と接し、手作りスイーツなどのおもてなしや傾聴活動を行っている。『小さな心から抜け出す　お坊さんの1日1分説法』（永岡書店）に寄稿。

・光明寺　**http://www.komyo.net/**
・神谷町オープンテラス　**http://www.komyo.net/kot/**

STAFF

撮影／さくらいしょうこ
スタイリング／水嶋千恵
取材協力／青江覚峰、松本紹圭
制作協力／光明寺、木原由美、神谷町オープンテラススタッフ一同
企画・制作／株式会社SouGo
（装幀：佐藤正明　本文デザイン：佐藤正明、桜井翔　イラスト：横田千咲子
企画営業：及川大樹　企画、編集・執筆協力：島晶子）

本書の内容に関するお問い合わせは、お手紙かメール（jitsuyo@kawade.co.jp）にて承ります。
恐縮ですが、お電話でのお問い合わせはご遠慮くださいますようお願いいたします。

神谷町オープンテラスの
おもてなしお寺スイーツ12カ月

2020年2月18日　初版印刷
2020年2月28日　初版発行

著　者　木原祐健
発行者　小野寺優
発行所　株式会社河出書房新社
〒151-0051 東京都渋谷区千駄ヶ谷2-32-2
電話 03-3404-1201（営業）　03-3404-8611（編集）
http://www.kawade.co.jp/
印刷・製本　三松堂株式会社

Printed in Japan
ISBN978-4-309-02859-0